RELATION

DES

ÉVÉNEMENTS

qui ont eu lieu

A BOURBON

EN SEPTEMBRE 1847,

PAR M. L'ABBÉ MONNET,

VICE-PRÉFET APOSTOLIQUE, CHANOINE HONORAIRE DE CAMBRAI.

NANTES,

IMPRIMERIE BOURGINE, MASSEAUX ET Cie
Rue Notre-Dame, 5.

1847.

1848

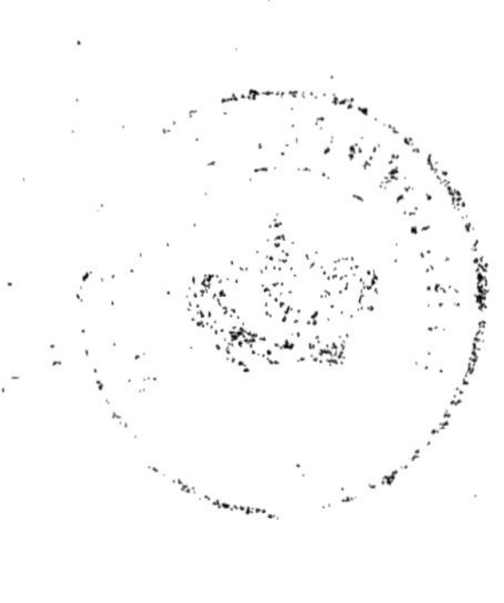

RELATION

DES ÉVÉNEMENTS

QUI ONT EU LIEU

A BOURBON, EN SEPTEMBRE 1847.

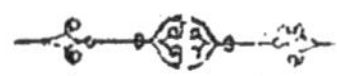

Depuis le commencement de 1840, que j'appartiens à la mission de Bourbon, je n'ai reçu que des félicitations et des marques d'encouragement de la part de l'autorité ecclésiastique, aussi bien que de l'autorité civile, et si, en 1845, l'administration locale ne parut pas satisfaite des marques signalées d'approbation qui me furent envoyées par le gouvernement, on se contenta de me témoigner de la froideur, mais jamais on ne me fit le moindre reproche, pas même la plus légère observation, sur la manière dont je remplissais les fonctions de mon ministère à l'égard des noirs, comme à l'égard des blancs.

Jamais l'administration ne m'a donné connaissance d'aucune plainte portée contre moi, par les habitants de Bourbon, tendant à me reprocher une imprudence quelconque.

Pendant le séjour que je viens de faire en France, l'administration de M. Graëb, sous laquelle je n'ai pas eu l'honneur d'exercer le ministère ecclésiastique, se laissa persuader que mon retour à Bourbon serait nuisible et compromettrait, tout à la fois, la tranquillité publique et ma sûreté personnelle; en formula différentes accusations que je réfuterai à la fin de cette relation, d'une manière assez claire et assez authentique, pour prouver que jamais je n'ai abusé de la confiance qui m'a été accordée, et que tous mes actes et toutes mes paroles, aussi bien que mes démarches, ne redoutent pas le plus sévère examen auquel on voudra les soumettre.

1° On m'a accusé d'avoir un zèle trop ardent;

2° M. le gouverneur dit qu'on avait exagéré le bien que j'avais obtenu à Bourbon, et qu'il en restait peu de traces;

3° On ajouta encore que j'avais adressé un rapport contre les colonies, en 1844;

4° Que j'avais donné ma démission de membre du clergé de Bourbon, en 1845, pour blâmer l'administration locale;

5° Que j'avais écrit directement à M. le ministre de la marine et des colonies, pour demander à me rendre indépendant de l'administration locale;

6° Que j'étais abolitioniste;

7° Que j'avais été l'instigateur et signataire de la pétition en faveur de l'émancipation immédiate et sans indemnité;

8° Enfin, que j'étais en rapport avec M. le comte de Montalembert, à qui j'avais fourni des documents contre les colonies et leur clergé.

Dès que l'on a eu connaissance de mon retour à

Bourbon*, on a fait circuler ces accusations dans toute la colonie ; non-seulement l'autorité locale n'a rien fait pour les démentir, mais sans fondement, ni preuve aucune, elle les a accueillies ; bien plus, M. le gouverneur *m'a dit, devant M. le Préfet apostolique et M. l'abbé Minot, curé de Saint-Denis, qu'il avait écrit aussitôt à M. le ministre de la marine, en date du mois de février, pour que je ne fusse pas renvoyé à Bourbon : il ajouta qu'il avait même donné des ordres à M. le commandant de la rade, pour que je ne fusse pas débarqué à mon arrivée, que lui-même verrait s'il avait à me laisser débarquer ou non, et qu'il prendrait des mesures de sûreté à ce sujet.*

Depuis le mois de février, on avait souvent parlé de mon retour à Bourbon ; la dépêche de M. le gouverneur, pour s'y opposer, était connue de toute la colonie, ainsi que la mesure qu'on devait prendre, si toutefois je venais à arriver. Les blancs opposés à mon retour étaient tellement enhardis, qu'à chaque arrivage de navire, ils se portaient sur le bord de la mer, pour voir si j'y étais, afin de m'empêcher de débarquer, et même, on le disait hautement, pour me jeter à la mer.

Toutes les accusations formulées contre moi, et que je viens de signaler, étaient répétées hautement et publiquement, par tous les ennemis de la religion et de l'instruction morale et religieuse des esclaves, pour animer les esprits.

Enfin, nous arrivâmes en rade de Saint-Denis, le 12 septembre, à une heure après midi, tandis que M. le gouverneur était en tournée. Des jeunes gens blancs vinrent sur le rivage pendant que nous débarquions, pour me huer et m'insulter, par des menaces et toute sorte de propos injurieux; les noirs, témoins de ces outrages, ne firent aucune manifestation, et pas une parole injurieuse ne sortit de leur bouche contre les blancs. *La police resta muette et complètement inactive.*

Comme c'était un dimanche, nous nous rendîmes aux vêpres peu après notre arrivée. Pendant l'office, un plus grand nombre de blancs s'attroupèrent à la porte de l'église; à ma sortie, je fus injurié plus fortement encore, depuis l'église jusqu'au presbytère. La police connaissait les insultes que j'avais reçues trois heures auparavant, elle était parfaitement au courant de ce nouveau rassemblement, presque sous ses yeux, et il n'y avait à la porte de l'église que deux agents de police, comme à l'ordinaire pour tous les offices du dimanche.

Ces deux hommes furent incapables, comme on le comprendra fort bien, de réprimer le désordre.

M. le préfet apostolique prit la parole pour demander à ces jeunes gens pourquoi ils m'injuriaient de la sorte, et il voulut leur prouver qu'aucune raison ne pouvait excuser de pareilles manifestations : ils ne répondirent que par des injures et des cris redoublés.

A sept heures du soir, il vinrent, en plus grand nombre encore, à la porte du presbytère, vomissant toute espèce d'imprécations pendant trois heures; à dix heures, la police et la troupe dissipèrent le rassemblement.

Je crois devoir faire observer ici un fait qui a été remarqué par tous les hommes sensés, c'est que, de sept à huit heures du soir, tandis que cent cinquante à deux cents blancs, au plus, se laissaient aller à de pareils excès contre un prêtre qui avait travaillé près de sept ans au milieu d'eux, sans qu'on ait pu lui reprocher la moindre imprudence, dix-huit cents noirs se trouvaient dans l'église (à cinquante pas du lieu où se passait le désordre), écoutant l'instruction de M. l'abbé Levavasseur. Ce digne ecclésiastique, mon successeur à Saint-Denis, dit aux noirs, comme je le lui avais recommandé, de ne proférer aucune injure, aucune menace, pas même un mot contre ceux qu'ils entendaient ainsi crier contre moi. L'instruction finie, tous ces esclaves sortirent de l'église, passant sans dire un seul mot, devant les blancs qui vociféraient des menaces !

M. l'abbé Levavasseur a attesté qu'il n'y a pas eu d'autres manifestations de la part des esclaves, pour le prêtre qu'ils aiment comme leur père, que des pleurs et des sanglots !

Le dimanche, après les vêpres seulement, un certain nombre d'anciens engagés au service de la colonie (appelés noirs du roi), maintenant libres, m'entourèrent de l'église au presbytère, afin que les jeunes gens blancs qui m'injuriaient, ne pussent se porter à des actes de violence contre ma personne : ceci n'avait été ni commandé, ni sollicité par personne, ce n'a été qu'un mouvement spontané de leur part, en faveur de leur père.

M. l'abbé Levavasseur a rendu compte de la conduite admirable qu'avaient tenue les esclaves dans ces circonstances, qui auraient pu devenir fâcheuses, sans l'influence du prêtre sur cette population.

Le 13, au matin, on me pria de ne pas sortir du presbytère, même pour aller à l'église, qui est vis-à-vis, pour y dire la messe; je restai donc consigné. A 5 heures après-midi, on vint faire une nouvelle et troisième manifestation, pendant une heure, à la porte du presbytère.

A 7 heures du soir, nouveau et quatrième rassemblement plus nombreux que les précédents; les cris étaient plus redoublés; les émeutiers avaient une cloche, des cors et un porte-voix; ces bruits commençaient à avoir quelque chose de barbare; celui qui avait le porte-voix, criait : *A bas Monnet, mille piastres, quinze cents piastres pour celui qui nous apportera sa tête; nous voulons sa tête...* Ces cris forcenés durèrent pendant trois heures : ils voulaient enfoncer la porte du presbytère barricadée en dedans, en lançant continuellement des pierres avec violence.

Enfin, à 10 heures, la troupe fit jouer les pompes pour dissiper les perturbatenrs, et une forte pluie d'orage vint continuer les irrigations commencées par les pompes; à 11 heures, grâce à l'intervention de la milice, sagement dirigée par M. de Rontonnay, les émeutiers étaient dispersés !

Le mardi 14 septembre, M. le gouverneur arriva, avec MM. le directeur de l'intérieur et le procureur-général; aussitôt, M. le gouverneur fit afficher la proclamation suivante :

« Habitants de Saint-Denis, j'ai été rappelé au milieu
» de vous, des quartiers de la colonie les plus éloignés,
» par la nouvelle que votre ville était le théâtre de graves
» désordres.

» Confiante dans le bon sens des habitants, l'autorité
» avait pensé que l'effervescence qui s'était manifestée
» par des actes fâcheux dans la journée du dimanche,
» ne serait que passagère, que toutes les agitations se
» scraient dissipées devant cette pensée commune

» que, dans la position grave où les colonies se trou-
» vent placées, le premier, le plus impérieux des
» besoins était le maintien de l'ordre public et le respect
» dû aux actes du gouvernement du roi.

» Cette attente a été trompée : la journée d'hier a vu
» se renouveler les troubles de la veille ; les mêmes ma-
» nifestations se sont reproduites dans la soirée, avec
» une intensité croissante. Au grand étonnement de tous,
» on a vu des hommes qu'aucun intérêt n'attache au sol
» de la colonie figurer à la tête de rassemblements hosti-
» les et s'efforcer de briser les portes du presbytère,
» poussant des clameurs dont ils ne pouvaient com-
» prendre la portée, et comme obéissant à un irrésis-
» tible instinct de désordre.

» La voix des magistrats de la cité a été impuissante,
» leur caractère, méconnu. Dans ces circonstances affli-
» geantes, l'autorité a été dans la pénible nécessité de
» recourir à la force.

» Représentant du roi dans cette colonie, et tout pé-
» nétré de sentiments d'amour pour les colons, je reviens
» assurer le maintien de l'ordre public et l'autorité des
» lois. Je fais un appel à tous les fonctionnaires publics,
» à tous les habitants paisibles, à tous les hommes bien
» intentionnés, pour qu'ils me prêtent leur concours
» dans cette grave circonstance. Des événements que nous
» déplorons tous ont rendu nécessaires des mesures de
» répression. L'autorité judiciaire, saisie depuis hier, in-
» forme sur les faits de ces deux journées, et si des actes
» coupables se sont produits, justice sera rendue.

» Que les amis du pays comptent sur ma vigilance et
» ma fermeté. Les dispositions sont prises pour prévenir

» et réprimer au besoin toute nouvelle tentative de
» trouble.

» Gardien de la paix publique et des intérêts du pays,
» je saurai satisfaire à ce qu'ils réclament.

» Le gouverneur de Bourbon.

» Joseph. GRAEB.

» *Saint-Denis, le 14 septembre 1847.* »

Le 14, même jour, vers le soir, M. le gouverneur envoya son aide-de-camp à M. le préfet apostolique, pour lui dire qu'il le recevrait le lendemain matin au palais du gouvernement ; puis, M. l'aide-de-camp ajouta : *on a dit à M. le gouverneur que M. Monnet avait demandé à M. le commandant militaire à être embarqué immédiatement sur l'Oise, pour retourner en France ; en ce cas M. Monnet est prié par M. le gouverneur de faire sa demande par écrit.*

M. le préfet apostolique, connaissant ma détermination à ce sujet, répondit à l'aide-de-camp : *ayez la bonté de dire à M. le gouverneur qu'on l'a trompé et que M. Monnet n'a fait aucune demande à M. le commandant militaire.*

La soirée du 14 fut plus calme ; il n'y eut que quelques cris çà et là : *A bas le commandant militaire, à bas Monnet.* Enfin, tout rentra dans l'ordre, et heureusement on n'a eu à déplorer aucun malheur, et c'est à tort que certains journaux ont publié qu'il y avait eu effusion de sang.

Le mercredi matin, 15, M. le gouverneur m'envoya chercher dans sa voiture, par son aide-de-camp, pour aller lui parler au palais du gouvernement. M. le gouverneur me demanda (comme il l'avait fait à M. le préfet apostolique) si je n'avais pas fait une demande à M. le colonel Brunot, pour être embarqué immédiatement à bord de *l'Oise*; je lui répondis que non, comme j'avais eu l'honneur de le lui faire dire la veille par M. le préfet apostolique.

M. le gouverneur s'efforça de me prouver que dans mon intérêt comme dans celui de la tranquillité publique, je devrais me rembarquer immédiatement pour la France; que, du reste, il ne comprenait pas comment M. le ministre m'avait laissé partir pour Bourbon, attendu qu'il lui avait écrit, en date du mois de février, pour s'opposer à mon retour.

Je lui répondis : *M. le gouverneur, si l'on a trompé une partie des habitants sur mon compte, il est facile de me justifier, de les éclairer, et si, au contraire, c'est une détermination prise par l'autorité locale, je ne résisterai pas à ses ordres ; l'on peut compter sur ma soumission : toutefois je réclame de votre justice, M. le gouverneur, le temps nécessaire pour réfuter les accusations qu'on a pu vous porter contre moi; je désire prouver aux habitants de Bourbon que jamais je n'ai abusé de la confiance qu'ils m'ont témoignée, en agissant contre les intérêts de leur pays.*

M. le gouverneur avait commencé, devant M. le préfet apostolique, à me décliner les accusations portées contre moi, je n'eus que quelques mots à dire pour me justifier, car il n'y avait pas même apparence de preuves. Arrivé à la troisième accusation, M. le gouverneur s'arrêta, me disant : *Du reste, c'est inutile, les esprits sont montés contre vous, vous ne pouvez pas rester à Bourbon; je déclinerai à M. le ministre les raisons qui*

*me portent à vous renvoyer en France, c'est mon
affaire.*

Voyant qu'il était inutile pour moi de demander
d'autres explications, je me contentai de dire à M. le
gouverneur qu'ayant été indisposé une partie de la
traversée, je demandais à aller à l'hôpital Saint-Philippe
pour y rétablir ma santé, me reposer un peu, attendre
mes effets, mon linge et tous les objets du culte pour
ma mission, venant par *le Constant,* parti de Nantes
en juillet. J'ajoutai : *Quand j'aurai reçu tout cela et
que l'administration m'aura laissé le temps de régler
mes affaires, j'attendrai ses ordres.*

M. le gouverneur consentit à m'envoyer à l'hôpital,
son aide-de-camp m'y conduisit, et j'y fus consigné,
comme je l'avais été les jours précédents au presbytère.

A peine étais-je rendu à l'hôpital qu'on m'apporta
les deux lettres suivantes dans la même enveloppe.
Avant de les citer, je fais observer que je n'ai pas
l'honneur de connaître M. le colonel Brunot, à qui
je n'ai jamais parlé ni écrit, et à qui je n'ai jamais
fait aucune demande, ni directement ni indirectement,
comme M. le préfet apostolique et moi l'avions déjà
fait observer *deux fois* à M. le gouverneur.

Que pensera-t-on de la lettre suivante ?

« *Saint-Denis le* 15 *septembre* 1847.

» Monsieur,

» M. le commandant militaire m'a rendu compte de
» la demande que vous lui aviez faite, et plusieurs fois
» renouvelée dans la journée d'avant-hier, 13 de ce
» mois, d'être embarqué sur *l'Oise,* afin de retourner
» immédiatement en France.

» M. le colonel Brunot n'a pas cru pouvoir, en mon
» absence, prononcer sur cette demande, mais il a pris
» toutes les mesures nécessaires pour qu'au milieu de
» l'irritation qui a signalé votre arrivée, votre sûreté per-
» sonnelle se trouvât garantie. Il a heureusement atteint
» ce but, non toutefois sans de fâcheuses collisions, dont
» tout le monde déplore aujourd'hui les tristes suites.

» Je reconnais comme vous que vous ne pourriez rester
» à Bourbon sans dangers pour l'ordre public et sans de
» sérieux inconvénients pour vous-même ; et j'ai décidé
» en conséquence que le passage dont vous avez fait la
» demande, vous serait accordé. Je vous autorise, en
» outre, à vous rendre à bord de *l'Oise*, où vous serez en
» subsistance, en attendant le départ de cette corvette.

» Vous comprendrez, Monsieur, que jusqu'à votre em-
» barquement vous devez vivre dans la retraite et vous
» abstenir par-dessus tout de vous montrer dans la ville,
» où votre présence, en réveillant le souvenir douloureux
» de la soirée du 13, pourrait ranimer des désordres heu-
» reusement apaisés aujourd'hui.
» Recevez, Monsieur, etc.

» *Le gouverneur de Bourbon,*
» Joseph GRAEB. »

Cette lettre, en réponse à une demande que je n'ai pas
faite, est pour moi une énigme ! Je proteste, autant qu'il
est en moi, contre un pareil acte.

SECONDE LETTRE :

» *Saint-Denis, le 15 septembre 1847.*

» Monsieur ,
» J'apprends que votre santé est dérangée en ce mo-

» ment ; comme le départ de l'*Oise*, bâtiment sur lequel
» je vous ai accordé le passage de retour en France que
» vous m'aviez demandé , peut encore tarder d'un mois,
» vous pouvez aller prendre à l'hôpital Saint-Philippe une
» chambre où il vous sera facultatif de rester jusqu'au
» moment de votre embarquement.

» Recevez, Monsieur, etc.

          » *Le gouverneur de Bourbon,*
              » JOSEPH GRAEB.

» *A Monsieur l'abbé* MONNET, *à Saint-Denis.* »

Je fis la réponse suivante aux deux lettres :

    « Monsieur le gouverneur,

» J'ai l'honneur de vous accuser réception des deux
» lettres que vous avez bien voulu m'adresser en date de
» ce jour ; l'une m'accordant un séjour à l'hôpital Saint-
» Philippe, et l'autre supposant une demande que j'aurais
» faite à M. le commandant militaire.

» J'accepte avec reconnaissance, comme déjà j'ai eu
» l'honneur de vous le témoigner, l'offre que vous avez
» daigné me faire de demeurer à l'hôpital Saint-Philippe,
» pour y rétablir ma santé, en attendant mon embarque-
» ment. Je crois cependant devoir faire observer à M.
» le gouverneur, ainsi que je l'ai fait ce matin, que je
» n'ai fait aucune demande à M. le commandant militaire,
» touchant mon retour en France.

» J'ai l'honneur d'être, etc.

              » L'ABBÉ MONNET.

» *Saint-Denis, le* 15 *septembre* 1847. »

Le lendemain, 16 , M. le gouverneur fit appeler M. le
préfet apostolique au palais du gouvernement. Dès que

M. le préfet fut entré, M. le gouverneur lui dit : *M. le préfet, on vient de me dire que vous faisiez circuler une pétition, afin de protester contre la conduite qu'on a tenue envers M. Monnet ; j'ai voulu savoir de vous si cela est vrai.* M. le préfet apostolique lui répondit : *M. le gouverneur, non-seulement je ne l'ai pas fait ; mais je n'y ai même pas pensé ; il en est de cela comme de la demande que M. Monnet aurait faite à M. le commandant militaire.*

Je restai donc à l'hôpital Saint-Philippe, où les bonnes sœurs de Saint-Joseph me prodiguèrent tous les soins possibles. Comme tout était calme, j'espérais pouvoir aller passer quelque temps à la campagne, dans la famille Desbassayns, où j'étais attendu ; M. le docteur en chef m'avait laissé espérer que M. le gouverneur m'accorderait au moins cette faveur.

Ainsi, tout en étant consigné à l'hôpital, je conservais l'espoir que dans peu j'aurais le bonheur de me reposer au milieu de cette digne et respectable famille.

J'avais la persuasion que je pourrais obtenir la consolation d'aller prier et offrir les saints mystères dans le temple que j'ai eu le bonheur d'élever au Seigneur, dans cette localité, en 1841. J'étais persuadé de ne trouver là que des cœurs amis, beaucoup de calme et de tranquillité, et un peu de repos. On comprendra facilement, je crois, que dans la position où je me trouvais, j'en avais grand besoin !

Mais, hélas ! mon espoir fut bientôt déçu ; tandis que les esprits commençaient à se calmer et que l'on remarquait déjà que le public abusé m'avait jugé trop vite sans vouloir m'entendre, voilà tout à coup, qu'on m'apporte une décision de M. le gouverneur qui m'annonce que je serai embarqué, dans les quarante-huit heures, sur le *Pionnier*, bâtiment marchand, partant pour Nantes.

Cette décision si précipitée fut pour moi un coup de foudre; je ne savais comment expliquer la conduite qu'on tenait à mon égard. J'écrivis donc la lettre suivante à M. le gouverneur.

« Monsieur le gouverneur,

» J'ai l'honneur de vous accuser réception de la lettre » que vous m'avez envoyée hier soir.

» Comme déjà j'ai eu l'honneur de vous le dire, M. le » gouverneur, je n'ai fait aucune demande pour mon » retour en France, mais je suis toujours dans la dispo- » sition d'obéir aux ordres que vous me donnez à ce sujet.

» J'avais espéré, Monsieur le gouverneur, que vous » m'accorderiez le temps de me reposer à l'hôpital Saint- » Philippe, jusqu'au départ de *l'Oise*, pour attendre mon » linge, mes effets et les objets du culte pour ma mission, » qui vont arriver par *le Constant*, et dont le prix s'élève » à quatorze mille francs.

» Enfin, j'avais l'espoir, M. le gouverneur, que vous » m'accorderiez le temps de régler mes affaires tempo- » relles ; mais si vous en avez décidé autrement, vous » pouvez compter sur mon obéissance.

» J'ai l'honneur d'être, etc.,

» L'abbé MONNET.

» *Saint-Denis, le 26 septembre 1847.*

M. le gouverneur me répondit le 27, au matin, *qu'il ne pouvait obtempérer à ma réclamation, et que les motifs sur lesquels était fondée sa décision d'opérer mon retour en France, étaient de telle nature que leur exécution ne saurait souffrir aucun retard.*

Le même jour, 27, je reçus une lettre de M. l'ordonnateur, par laquelle il m'informait *qu'il avait reçu les ordres de M. le gouverneur pour arrêter mon passage à bord du Pionnier, et qu'en conséquence, je me tinsse prêt pour être embarqué le lendemain, 28 septembre.*

Plusieurs habitants honorables, partisans de l'instruction morale et religieuse des esclaves, qui m'ont toujours accordé leur estime et de leur amitié, m'ont bien prouvé toute la part qu'ils prenaient à ma peine pendant tous ces jours. Ils ne comprenaient ni l'aveuglement de leurs compatriotes qui avaient suscité ces troubles, ni la conduite de l'administration dans ces affaires qui leur paraissaient mystérieuses.

Le 28 septembre, à neuf heures du soir, M. le commandant de la gendarmerie et l'aide-de-camp de M. le gouverneur vinrent me prendre à l'hôpital pour me conduire à l'embarcation de la *Zélée* qui m'attendait, pour me porter à bord du *Pionnier.*

J'avais prié M. l'aumônier de l'hôpital de vouloir bien m'accompagner jusqu'à bord; lui-même le désirait beaucoup. Lorsque nous fûmes à la porte de l'hôpital, l'aide-de-camp de M. le gouverneur le pria de se retirer, disant : *J'ai reçu l'ordre de M. le gouverneur de venir prendre M. Monnet, pour le faire embarquer sans être accompagné par aucun de ses confrères.*

Enfin, à dix heures et demie du soir, j'étais à bord du *Pionnier,* avec le peu de linge et d'effets que des amis avaient eu soin de me procurer dans les quarante-huit heures.

2

Je quittai donc cette terre de Bourbon, que j'avais eu le bonheur, assez longtemps déjà, d'arroser de mes sueurs; mon cœur était souverainement attristé, en pensant que j'étais renvoyé brutalement d'un pays que j'aimais, pour lequel j'avais fait de grands sacrifices et dont les intérêts religieux, moraux et matériels, m'étaient si chers ! J'y étais retourné avec un nouveau dévouement pour le salut et les intérêts de tous, sans exception, et j'étais persuadé que si mon ministère avait pu être de quelque utilité pour les uns et les autres, il le serait encore davantage dans les circonstances qui deviennent tous les jours plus difficiles. Quel est le colon ou le magistrat, ou le fonctionnaire public, qui oserait avancer que jamais j'aurais pu user de l'influence qu'on m'attribue sur une population, au préjudice de l'autre ? Nos antécédents sont là ; que tous ceux qui nous ont entendu et connu disent si jamais nous nous sommes écarté des saintes règles de l'Evangile ?

En occupant un des premiers postes de la colonie, nous avons eu à prêcher les devoirs du chrétien aux magistrats et aux simples citoyens, aux riches et aux pauvres, aux maîtres et aux esclaves ; nous leur avons prêché à tous la vérité, sans chercher à déplaire aux uns pour flatter les autres ; nous leur avons rappelé à tous leurs devoirs, avec une sainte liberté apostolique, accompagnée de la prudence que suggère toujours la charité du Christ dont nous sommes le ministre. Nous en appelons, comme notre divin Maître, au témoignage de ceux qui nous ont entendu. Pour l'honneur de la religion, nous pourrons toujours défier ceux qui ont suscité ce qui est arrivé, de prouver que jamais nous avons recherché autre chose, dans la colonie de Bourbon, que la gloire de Dieu, les intérêts de la religion, le bonheur du pays, la paix et le salut de tous les habitants.

J'ai la consolation d'emporter en partant un témoignage de la confiance, de l'estime et des regrets de mon digne et vénérable supérieur ecclésiastique, des confrères qui ont travaillé à la même œuvre, et des habitants honorables qui m'ont connu de près et avec qui j'ai été en relation pour l'instruction de leurs esclaves. Cette consolation me dédommage amplement de toutes les injures dont j'ai été l'objet et des persécutions qu'on m'a suscitées.

Nous répondons maintenant aux prétendues accusations *qui ont servi de prétexte* pour excuser les avanies qu'on voulait me faire et mon embarquement forcé qu'on voulait opérer.

1° On m'accuse d'un *zèle trop ardent :*

Je vais citer textuellement le témoignage de mon supérieur ecclésiastique, qui est mon juge en matière spirituelle :

« *Nos Petrus Poncelet, præfectus ap stolicus, in insulâ* » *Borbonicâ seu Mascarenas ; omnibus præsentes inspec-* » *turis notum facimus ac testamur, carissimum fratrem et* » *amicum nostrum, in Domino, Alexandrum Monnet, diœcœ-* » *sis Cameracensis presbyterum, à sacrâ Congregatione de* » *propagandâ fide, in hanc insulam, cum titulo vice-* » *præfecti, remissum, ibidemque per annos septem* » *sacrum ministerium, cum scientiâ et zelo omni laude* » *digno, præsertim ergâ nigros, exercuisse ; et non suâ* » *sponte, sed vi, ingenti nostro luctu, omninòque contrà* » *nostram voluntatem, discedere. In quorum fidem supra-* » *dictum A. Monnet, cujuscumque gradûs ecclesiasti-* » *corum superiorum speciali benevolentiæ commendamus.*

« *Datum Sancti Dionisii, die vigesimâ octavâ septem-*
» *bris* 1847.

» P. PONCELET,
Præfectus apost.

Au témoignage de notre supérieur ecclésiastique, nous pouvons ajouter un témoignage bien honorable aussi de la part de Sa Majesté, et auquel nous étions loin de nous attendre. Nous avons remarqué, dans cette faveur signalée, une bienveillance toute particulière du gouvernement du roi, pour le ministère pénible que nous remplissions auprès des esclaves.

« *Paris, le* 14 *janvier* 1845.

» Le roi, Monsieur, par une ordonnance en date du
» 8 du présent mois, rendue sur ma proposition, a bien
» voulu vous nommer chevalier de l'ordre royal de la
» Légion-d'Honneur.

» Il m'est agréable d'avoir à vous transmettre ce té-
» moignage de la satisfaction de Sa Majesté, pour votre
» dévouement à l'œuvre de l'enseignement religieux des
» esclaves.

» La décoration qui vous est destinée vous sera trans-
» mise ultérieurement.

» Recevez, Monsieur, l'assurance de ma parfaite
» considération.

» *Le vice-amiral, pair de France, ministre-*
» *secrétaire d'État de la marine et des*
» *colonies.*

» B[on] DE MACKAU.

« *M. Monnet, curé à Saint-Paul (Bourbon).* »

2° *On a exagéré le bien que j'ai obtenu; il en reste peu de traces.*

M. l'abbé Levavasseur, supérieur des mission-naires du Saint-Cœur-de-Marie, à Bourbon, peut être jugé compétent, puisque c'est lui qui a continué mon œuvre ; ce digne missionnaire jouit à bien juste titre de la confiance du gouvernement métropolitain, et comme on ne pourra pas révoquer en doute un témoignage aussi positif, je ne ferai que citer la lettre qu'il m'a écrite, aussitôt qu'il eut appris mon départ :

« Bon père, on va donc vous faire partir ! que j'en ai
» le cœur triste ! C'en est fait de la mission des noirs à
» Bourbon ; vous étiez le seul prêtre, à ma connaissance,
» capable de conduire cette grande œuvre avec quelque
» ensemble ; vous partant, tout va languir et rester bien
» longtemps encore dans l'état actuel.

» Mais qu'avez-vous donc fait? Que cette mesure que
» prend l'administration de Bourbon me paraît éton-
» nante ! que peut-elle vous reprocher? quel est votre
» crime? Est-ce d'avoir obtenu plus de succès dans la
» moralisation des noirs, que tous les autres prêtres?
» Est-ce d'avoir fait un bien tellement solide qu'il est
» encore comme le fondement, la base sur laquelle re-
» pose tout ce que nous faisons : car nous n'avons bâti
» que sur ce que vous aviez commencé. Nos meilleurs
» mariages, nos plus fervents chrétiens ne viennent-ils
» pas de vous? Il en est ainsi à Saint-Denis et à la Rivière-
» des-Pluies; si ailleurs ce que vous aviez commencé
» n'a pas eu de durée, ce n'est pas à vous qu'on doit s'en
» prendre....

» Et après tout, vous fera-t-on un crime de ce que

» parmi vos noirs, quelques-uns, en petit nombre, n'ont
» pas persévéré dans la vie pieuse où vous les aviez
» mis? veut-on que vous rendiez du premier coup tous
» les noirs des saints impeccables ?..

» Non, votre grand crime c'est d'avoir fait trop de
» bien; c'est d'avoir trop de zèle. On craint surtout
» l'indépendance de votre caractère. L'administration
» est abusée. Il ne m'appartient pas de la blâmer,
» mais je ne la comprends pas.

» Tout cela me dégoûte plus que jamais de la
» mission de Bourbon. Bientôt notre tour viendra aussi,
» on nous renverra comme vous. Si notre supérieur-
» général voulait m'en croire, nous serions avant peu
» avec nos sauvages de Guinée. Ne manquez pas d'aller
» le voir.

» Celui de vos amis qui vous estime et vous affectionne
» le plus,

» LEVAVASSEUR
» *Supérieur des Missionnaires du Saint-Cœur-de-Marie*
» *à Bourbon.*

» *27 septembre 1847.* »

» *P. S.* Nos pères vous disent mille choses et sont
» plus affligés que moi encore, si c'est possible, de
» votre départ. »

Voilà le sentiment d'un des plus dignes ecclésiastiques de la mission. Prêtre créole de Bourbon, il connaît la localité; travaillant de concert à la même œuvre,
depuis six ans, il est à même d'apprécier ce que j'ai
pu faire. Si l'intérêt de la mission de Bourbon ne
l'eût pas exigé, jamais je n'aurais consenti à vouloir
me justifier de cette seconde accusation. On voudra

bien m'excuser, en considérant les motifs qui m'y ont déterminé.

3° *Que j'avais adressé un rapport contre les colonies, en 1844.*

En 1843, j'ai été chargé par l'autorité ecclésiastique de faire un rapport sur l'instruction morale et religieuse des esclaves; ce rapport avait été demandé par Son Excellence M. le ministre de la marine et des colonies, et par l'honorable président de la commission royale des affaires coloniales. Nous savons que ce rapport a blessé des susceptibilités et mécontenté beaucoup de monde... Nous nous sommes servi, nous l'avouons, de quelques expressions fortes, mais vraies. Nous n'avons rien dit sur la position matérielle des esclaves, ni au sujet de l'émancipation. Nous avons voulu blâmer vivement deux abus que la religion condamne, et que nous regardons comme très-nuisibles à la moralisation des esclaves et à leur instruction religieuse : *la corvée du dimanche* dans les habitations, et *l'opposition d'un grand nombre de maîtres à l'instruction religieuse et au mariage de leurs esclaves.*

Nous n'avons pas besoin de prouver combien ces abus et ces oppositions peuvent être funestes aux colonies, dont nous avons voulu servir la cause ; nous voulions voir disparaître des faits pernicieux.

On ne pourra pas nous accuser de rigidité au sujet de la corvée du dimanche, car beaucoup de maîtres savent fort bien que nous avons toujours su distinguer les cas de nécessité, où l'on peut travailler le dimanche. Il est fâcheux que l'exemple donné par un certain nombre d'honorables habitants, ne soit pas plus suivi par leurs concitoyens. Oui, nous le répétons, il est très-fâcheux que beaucoup de maîtres d'esclaves entendent si mal les intérêts de leur pays et continuent à fournir ainsi des armes aux ennemis des colonies.

4° Que j'avais donné ma démission de membre du clergé de Bourbon, en 1845, pour blâmer l'administration locale.

M. le ministre de la marine ayant envoyé une dépêche à M. le gouverneur de Bourbon, dans laquelle il lui disait *que si des ecclésiastiques de Bourbon voulaient s'adjoindre aux missionnaires de Madagascar, il eût à s'entendre avec l'autorité ecclésiastique du lieu pour en laisser partir jusqu'au nombre de cinq ;* je fus je seul ; on me demanda ma démission officielle et par écrit ; je la donnai. Peut-on m'en faire un reproche ?

5° Que j'avais écrit à M. le ministre, sans la permission de M. le gouverneur, pour obtenir une indépendance absolue de l'autorité locale.

La mission de la grande terre de Madagascar étant interrompue, nous revînmes à Bourbon, où je continuai à remplir les fonctions du ministère ecclésiastique sous la juridiction du vice-préfet apostolique par intérim, sans traitement et sans position officielle.

Voyant M. l'abbé Levavasseur découragé, et, je le dirai franchement, voyant que je ne pouvais plus compter sur l'administration locale, dans la pénible et difficile mission des esclaves, je ne demandai pas à rentrer dans le clergé de Bourbon : j'avais malheureusement trop de raisons fondées pour en agir ainsi.

M. l'abbé Scudé, vicaire de Saint-Louis, ecclésiastique pieux, zélé et désintéressé, venait d'être sacrifié, par l'administration locale, à l'injustice de quelques ennemis de l'instruction des esclaves. Ce digne missionnaire, après avoir été assailli par une grêle de pierres, lancées par les fenêtres de la chapelle où il instruisait les esclaves, après un charivari scandaleux une autre fois à la porte de la même chapelle, fut tiré forcément de cette localité par l'administration, malgré les réclamations de M. le préfet apostolique, celles de son curé et de quatre des principaux curés, parmi lesquels j'avais l'honneur de me trouver ; son seul tort était d'avoir obtenu de grands résultats pour l'instruction morale et religieuse des esclaves. L'administration elle-même ne lui a rien reproché.

M. l'abbé Simon, curé de Saint-Louis, un des plus dignes ecclésiastiques de Bourbon, sous tous les rapports, après plus de sept années d'un travail opiniâtre, ayant obtenu des effets merveilleux dans sa grande paroisse, tomba sous le coup d'une disgrâce marquée de l'administration locale, et cela pour avoir pris la défense de son vicaire injustement persécuté, et pour avoir rappelé à l'ordre le maire de son quartier, qui prétendait avoir la haute inspection de l'intérieur de l'église, et en conséquence avait envoyé la police, pendant la grand'messe, et cela pendant deux dimanches de suite, malgré les protestations du curé, pour en chasser tous les esclaves (1).

(1) M. le maire avait pris pour prétexte que l'église étant trop petite pour contenir tous les paroissiens, les esclaves ne devaient pas assister à la grand'messe. Ceci ne pouvait avoir lieu qu'aux principales fêtes de l'année, où les habitants éloignés se rendaient à l'église ; alors, M. le curé disait une messe basse plus matin, invitait lui-même les noirs qu'on laissait aller aux offices, à assister à la messe qu'il voulait bien dire pour eux : les dimanches ordinaires, l'église n'était pas à moitié remplie, comme M. le curé l'a fait observer à M. le maire dans sa correspondance à ce sujet, pour les deux dimanches en question où on en a chassé les noirs.

La seconde fois le commissaire, revêtu de son écharpe, est entré avec ses hommes, et « AU NOM DE LA LOI ET DU ROI » ils chassèrent les esclaves du temple... DE PAR LE MAIRE.

A la suite de toutes ces circonstances, qui ont eu lieu en 1845 et dont les suites funestes ne se faisaient que trop sentir en 1846, j'ai écrit à M. le ministre de la marine pour lui faire connaître mes intentions et mes désirs au sujet de l'œuvre importante que j'aurais voulu continuer. En 1847, le gouvernement m'accordait plus que je n'avais demandé alors, afin d'assurer le succès de ma mission.

6° *Que j'étais abolitionniste.*

Je déclare que jamais je n'ai eu de relations ni de vive voix ni par écrit, ni directement ni indirectement, avec aucun membre de la société abolitionniste, que je ne connais pas.

En recommandant l'humanité et la charité chrétienne aux maîtres envers leurs esclaves, nous avons toujours respecté leurs droits. Nous avons toujours dit qu'une émancipation quelconque sans indemnité convenable, serait une injustice dont jamais le gouvernement ne voudra se rendre coupable.

Comme prêtre, nous nous sommes toujours rappelé que quand la religion catholique a rencontré l'esclavage là où elle étendait ses bienfaits, elle n'a jamais voulu faire arriver les esclaves à la liberté par une transition précipitée, mais elle a toujours employé le temps, l'instruction religieuse, la moralisation avec le goût du travail et l'idée de société par la famille, enfin tous les moyens propres à rendre cette liberté avantageuse aux émancipés, et inoffensive pour les anciens maîtres et pour la société qui les admet parmi ses membres.

Telle a toujours été notre opinion, et nous défions qui que ce soit de prouver que jamais nous en ayons émise une autre au sujet de cette question. Nous ne craignons pas de blâmer hautement les ecclésiastiques qui ont signé une pétition pour demander l'émancipation *immédiate des esclaves, sans indemnité;* aussi, nous savons que pour la plupart on a trompé leur bonne foi, et que les autres n'étaient pas bien au courant de la question; car jamais je ne voudrais supposer qu'aucun d'eux ait voulu concourir à un acte de spoliation. Nous croyons donc qu'en signant cette pétition, ils ont cru demander une émancipation juste et sage, comme le veut l'Église, dans le sens exposé plus haut.

7° Que j'étais l'instigateur et signataire de la fameuse pétition en faveur de l'émancipation immédiate et sans indemnité.

Je vais citer la lettre, ou profession de foi que j'ai fait insérer dans les journaux de Bourbon, et qui n'a ni contenté les meneurs des émeutes qui ont eu lieu, ni empêché l'administration locale de m'embarquer.

« M. le rédacteur, on me dit que les manifestations
» hostiles qui ont eu lieu contre moi, dimanche, à mon
» arrivée, sont le résultat de la persuasion où l'on est
» que j'aurais été l'instigateur et signataire de la fameuse
» pétition pour l'émancipation immédiate, et où figu-
» rent les noms d'un grand nombre de prêtres français.
» Je déclare que non-seulement je n'ai rien écrit, ni
» dit dans ce sens, mais que, bien plus, j'ai qualifié cette
» pétition d'absurde, injuste et calomnieuse.

» J'ai soutenu devant tous ceux qui ont voulu m'en-
» tendre, surtout devant les dépntés que je connais, de-
» vant cinq évêques et deux archevêques, devant un grand
» nombre d'ecclésiastiques distingués et de laïques res-
» pectables par leur savoir, leurs vertus et leur position
» dans la societé, que l'émancipation sans indemnité se-
» rait une injustice révoltante, et que l'émancipation im-
» médiate avec indemnité ferait encore le malheur des
» noirs et occasionnerait la perte des colonies. Enfin, je
» défie qui que ce soit, ou colon ou européen, de me con-
» vaincre d'une parole ou d'un fait contraire à cette opi-
» nion, que j'ai soutenue devant tous ceux qui m'ont
» demandé ce que je pensais sur cette question. Quand
» j'ai eu à prêcher l'évangile aux blancs et aux noirs, je
» me suis toujours rappelé que je me devais tout à tous,
» sans acception de personne, et que mon ministère devait
» être un ministère de paix, d'ordre et charité.

» J'ai l'honneur d'être, etc.

» L'abbé MONNET.

» *Saint-Denis, le 13 septembre 1847.* »

Au lieu de reconnaître ma franchise et ma sincérité
dans cette lettre, M. le gouverneur Graëb a soutenu
QUE J'AVAIS VOULU M'EXCUSER, QUE J'AGISSAIS AVEC DUPLICITÉ ET
QUE MA LETTRE ME COULERAIT *en France.* Voilà le langage
d'un gouverneur, d'un représentant du roi dans la
colonie...

Qu'avais-je à répondre, à un pareil langage? comment
un gouverneur qui s'exprimait d'une manière si peu digne
et si peu charitable sur mon compte, aurait-il pris ma
défense auprès de ceux qui demandaient mon renvoi?

8° Que j'étais en rapport avec M. le comte de Montalembert, à qui j'avais fourni des documents écrits et signés de ma main, contre les colonies et leur clergé.

Je déclare que jamais je n'ai eu l'honneur de parler ni d'écrire à M. le comte de Montalembert, et que jamais je n'ai fourni ni directement, ni indirectement, aucun document contre les colonies et leur clergé, ni à M. de Montalembert, ni à qui que ce soit.

Si nous avons eu à gémir sur les désordres qui ont eu lieu, nous sommes heureux aussi de penser que pas un de nos néophytes n'a commis un acte contraire à la charité chrétienne, envers ceux qui nous persécutaient à leur sujet : ils ont prouvé par là, d'une manière bien évidente, que notre ministère auprès d'eux n'avait pas été infructueux : on a pu voir que leur dévouement pour notre personne était fondé sur la religion, dont ils n'ont pas voulu enfreindre les préceptes.

Le gouvernement du roi sera à même d'apprécier, par les rapports qui lui ont été faits, que sa sollicitude pour cette œuvre importante, jointe aux efforts des ecclésiastiques, peut produire les plus merveilleux résultats.

Nous devons dire ici qu'une grande partie des heureux effets que nous avons obtenus, sont dus à l'appui et à la protection que le gouvernement métropolitain nous a toujours accordés. Nous rendons justice aussi à un certain nombre d'habitants honorables de Bourbon, qui nous ont secondé de toutes leurs forces et auraient voulu faire connaître à leurs compatriotes que nous étions l'ami et non l'ennemi du pays ?

Toutes ces circonstances démontrent d'une manière évidente combien il serait nécessaire que le clergé des colonies françaises fût enfin dans un position qui le mit à même d'obtenir un bien solide et durable.

Nous avions hésité pendant quelque temps avant de nous déterminer à retourner à Bourbon : l'expérience nous faisait assez entrevoir combien cette mission deviendrait de jour en jour plus délicate et plus difficile ; nous l'avions crue au-dessus de nos forces ; mais M. le préfet apostolique nous ayant fait connaître ses vœux ardents à ce sujet, ainsi que ceux de la propagande, et le gouvernement métropolitain nous ayant manifesté son désir par le département de la marine et des colonies, nous nous décidâmes à retourner pour nous remettre à l'œuvre.

Avant de partir nous voulûmes faire le voyage de Rome; nous eûmes le bonheur d'obtenir deux longues audiences de S. S. Pie IX. Ce saint et si illustre pontife, dans sa grande sollicitude pour tout le peuple chrétien et son amour ardent pour l'humanité, voulut prendre connaissance de l'état de nos missions coloniales, il entra jusque dans les plus petits détails, Mgr. Poncelet et moi en étions tout à la fois étonnés et ravis ; on eût cru voir et entendre le souverain pasteur, dont il est le si digne représentant, oubliant les quatre-vingt-neuf brebis pour courir après celle qui est égarée. Pie IX paraissait oublier tout le reste de l'univers, pour ne s'occuper que de notre chère mission de Bourbon : après nous avoir prié de travailler avec zèle au salut de tous en général, il nous recommanda d'une manière particulière les pauvres et les esclaves, comme *étant une partie chérie du troupeau que Jésus-Christ lui avait confié* : puis, me posant sa main droite sur l'épaule, il me dit en français avec un accent qui avait quelque chose tout à la fois de divin et de paternel : *Eh bien! cher fils, il faut retourner à Bourbon avec Mgr. Poncelet, vous serez son vice-préfet; je charge Mgr. Brunelly d'en donner connaissance à son éminence le cardinal préfet de la propagande, qui vous remettra le titre des pouvoirs que je vous confie. Vous paraissez fort, et robuste, cela est utile pour un missionnaire; vous êtes jeune encore, vous pourrez vous rendre utile à l'église de Dieu et au salut des âmes, non-seulement à Bourbon mais encore à Madagascar. Soyez béni!* Ces paroles furent pour nous d'un encouragement bien grand! le lendemain nous recevions nos pouvoirs. Nous étions donc retourné avec une entière confiance; le désir du gouvernement métropolitain, les vœux du préfet apostolique, qui nous avait demandé pour son vice-préfet, et la volonté du Saint-Père, avaient entièrement dissipé nos inquiétudes : en suivant ainsi la volonté de Dieu qui nous était si clairement manifestée, nous avions espéré que les résultats de notre ministère seraient heureux et satisfaisants, nous nous préparions déjà à chanter des cantiques d'actions de grâces, avec nos nouveaux et plus nombreux confrères! Le ciel a permis qu'il en fût autrement, l'épreuve est grande, la peine est sensible ; mais consolé par la grâce que Dieu accorde toujours à ceux qui se confient en lui, nous disons volontiers : *Sit nomen Domini benedictum!* Il connaît nos désirs pour sa gloire et le salut de nos frères, sa providence voudra bien, nous l'espérons, diriger nos pas.